טְיוּּלִים

Jane Golub, Joel Lurie Grishaver
based on original work by Rabbi Yosi Gordon
Illustrated by Christine Tripp, Photographs by J.H.M. Photography
Designed by Jane Golub

Every Jew has a Hebrew name. If you do not know what your Hebrew name is, now is the perfect time to find out!

Your teacher will help you write your name in Hebrew on this line.

שְׁמִי _____

Draw or paste a picture of yourself here.

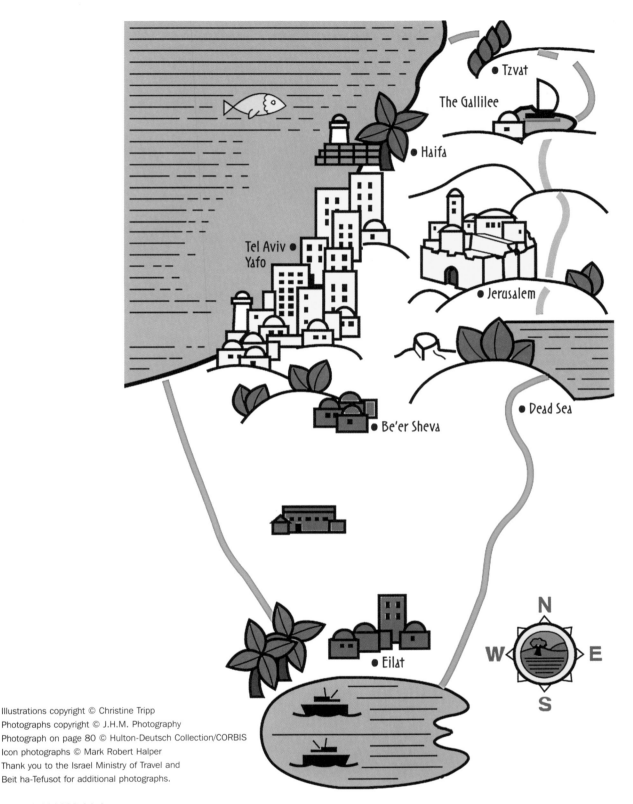

Illustrations copyright © Christine Tripp
Photographs copyright © J.H.M. Photography
Photograph on page 80 © Hulton-Deutsch Collection/CORBIS
Icon photographs © Mark Robert Halper
Thank you to the Israel Ministry of Travel and
Beit ha-Tefusot for additional photographs.

ISBN 1-891662-24-4

TORAH AURA PRODUCTIONS• 4423 FRUITLAND AVENUE, LOS ANGELES, CA 90058
(800) BE-TORAH • (800) 238-6724 • (323) 585-7312 • FAX (323) 585–0327
E-MAIL <MISRAD@TORAHAURA.COM> • VISIT THE TORAH AURA WEBSITE AT WWW.TORAHAURA.COM
MANUFACTURED IN CHINA

Meet the שִׁין (Shin)

ָ is called קָמַץ (kammatz).
שָׁ sounds like SHA

ַ is called פַּתָח (pata<u>h</u>)
שַׁ sounds like SHA

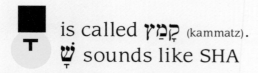

ULPAN

שָׁלוֹם

שַׁבָּת

שׁוֹפָר

Your teacher will help you meet these שׁ words. Learning to say these words now will help you to read them later. You will add letters and vowels week by week.

שׁ

ַ ָ

When an Israeli teacher wants you to be quiet, she will say שָׁה.

Practice being an Israeli teacher.

1. שָׁה שָׁה שָׁה שָׁה שָׁה שָׁה

2. שָׁה שָׁה שָׁה שָׁה שָׁה שָׁה

3. שָׁה שָׁה שָׁה שָׁה שָׁה שָׁה

שָׁה

sounds like
SHA

Cross out the word in each line that doesn't mean "be quiet."

Hebrew reads from right to left. The arrow will point the way.

4. שָׁה שֶׁה שָׁה שָׁה

5. שָׁה שְׁה שָׁה שָׁה

6. שִׁה שָׁה שָׁה שָׁה

7. שָׁה שָׁה שָׁה שֶׁה

שָׁה = שָׁ

Can you sound these out?

8. שָׁ שָׁה שָׁ שָׁה שָׁה שָׁ שָׁה שָׁ שָׁה

9. שָׁה שָׁ שָׁ שָׁה שָׁ שָׁה שָׁה שָׁ שָׁשָׁ

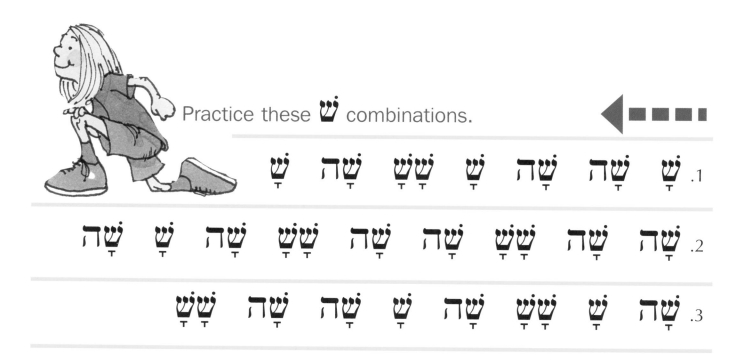

Practice these שׁ combinations.

1. שָׁ שָׁה שָׁה שָׁ שָׁשָׁ שָׁה שָׁ

2. שָׁה שָׁה שָׁשָׁ שָׁה שָׁה שָׁשָׁ שָׁה שָׁ שָׁה

3. שָׁה שָׁ שָׁשָׁ שָׁה שָׁ שָׁה שָׁה שָׁשָׁ

שָׁה = שָׁ = שַׁה = שַׁ

Can you sound out these "words"?

4. שָׁה שַׁ שַׁה שָׁ שַׁ

5. שָׁ שַׁה שָׁה שַׁ שָׁה

6. שָׁ שַׁה שָׁה שַׁ שָׁ

7. שָׁה שַׁה שַׁ שָׁ שַׁה

To learn how to write a שׁ, turn to page 4 of the Classroom Workbook.

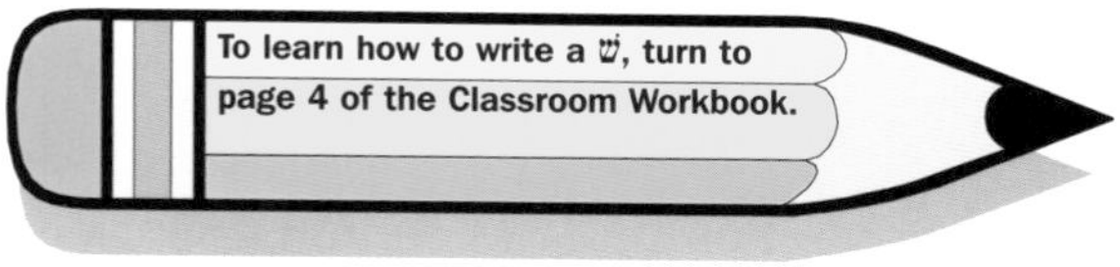

Meet the בֵּית (Bet)

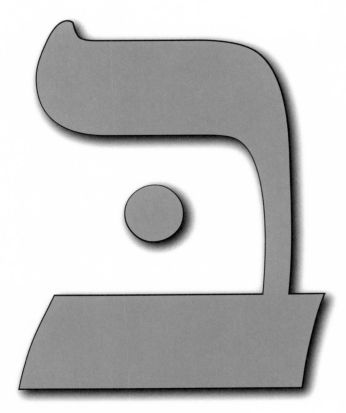

בּ

בָּ sounds like BA.

ULPAN

Your teacher will help you meet these בּ words.

בַּיִת

בֵּית כְּנֶסֶת

בִּימָה

בּ שׁ

Now read and read again.

בָּ סounds like BA.

בָּ בָּ בָּ בָּ בָּ בָּ בָּ	.1
בָּה בָּה בָּה בָּה בָּה	.2
בַּ בָּה בַּ בָּה בַּ בָּה	.3
בָּ בַּ בָּה בַּ בָּ בָּה	.4
בָּה בָּה בַּ בָּה בַּ שָׁה	.5
בַּשׁ שָׁבַּ בַּבּ בַּשׁ בַּבּ שַׁבָּ	.6
בָּשׁ שָׁ שָׁבַּ בַּבּ בָּה בַּ שָׁשׁ	.7
שָׁ שָׁה בָּה שָׁה בָּה שָׁ שָׁה	.8
שָׁ שָׁה שָׁשָׁה בָּ בָּה בַּבָּה	.9
בָּשָׁה שַׁבָּה בָּשַׁה שָׁבָּה בַּבָּה	.10

To learn how to write a בּ, turn to page 5 of the Classroom Workbook.

Jerusalem
The Old City

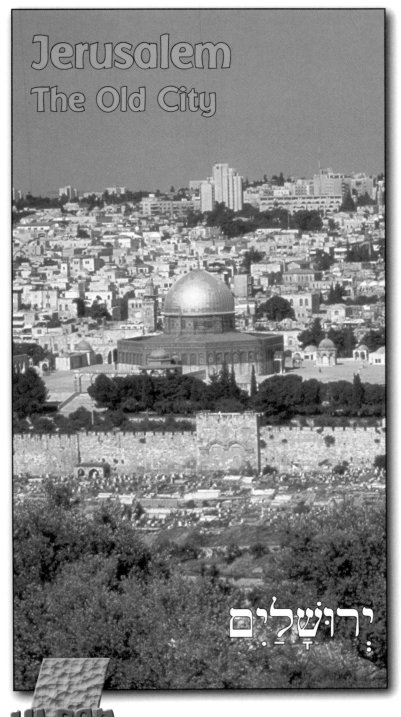

יְרוּשָׁלַיִם

In ancient times King David made Jerusalem the capital of Israel. Jerusalem is still the capital of the modern State of Israel. King Solomon built the Holy Temple on a hill in Jerusalem. Jerusalem is still a holy place for Jews, Christians, and Moslems.

Sultan-Caliph Suleyman "the Magnificent" built a wall around Jerusalem between 1520 and 1566. Today, the part of the city that is inside these walls is called *Ir ha-Attika,* "The Old City."

Inside the Old City you will find the *Kotel ha-Ma'aravi,* "The Western Wall." This is the last standing part of the ancient Temple. In the Old City is the Church of the Holy Sepulcher, the place where Christians believe that Jesus was buried and came back to life. Also in the Old City is *Haram esh-Sharif,* "The Dome of the Rock," where Moslems believe that Muhammed went up to heaven.

The Old City of Jerusalem is filled with history and holiness.

ULPAN

There is no Shabbat like Shabbat in Jerusalem.

יַיִן

נֵרוֹת

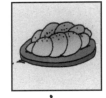

חַלָּה

כִּפָּה

Meet the תָּו (Tav)

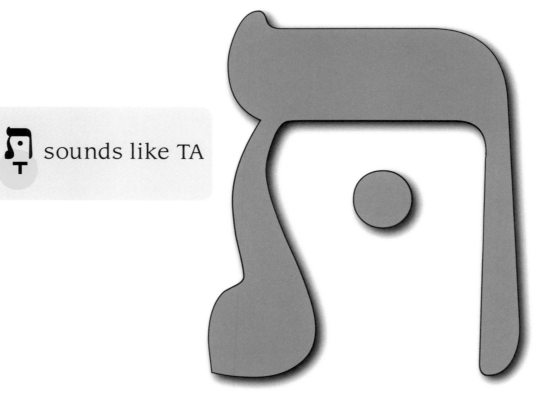

ת

תָּ sounds like TA

ULPAN

תּוֹרָה

תְּפִלִּין

תַּפּוּחַ

Your teacher will help you meet these תּ words.

ב שׁ תּ ת

בָ בַ

ת = תּ

Practice these sounds with תּ.

1. תָּ תַּ תַּ תַּ תָּ תַּ תָּ
2. תָּה תַּה תָּה תַּה תָּה תָּת תָּ
3. תָּה תַּ שָׁה תָּ בָּה בַּת תַּה
4. תַּה שַׁ תָּבָּ בַּת תָּשׁ שַׁת תַּשַׁ תַּבָּ
5. תָּבָּ תַּתָּ בַּשָׁ תַּשָׁ שַׁבָּ בָּה שַׁבָּ בַּת

Now you can read...

שַׁבָּת

Circle the words that say Shabbat.

1. שַׁבָּת שַׁבַּת שַׁבָּת
2. שַׁבָּה תַּבָּשׁ שַׁבָּת
3. שַׁבַּבּ שַׁבָּת שַׁבַּה
4. שָׁשַׁת שַׁתָּבּ שַׁבָּת

To learn how to write a ת, turn to page 7 of the Classroom Workbook.

הַכֹּתֶל

The Kotel

The First Temple was built by King Solomon. Jews who returned from the Babylonian Exile built the Second Temple. King Herod rebuilt that Temple and made it huge. The Kotel, "The Wall," was a retaining wall of Herod's Temple. It held back the dirt so that a huge building could be built above. Today it is a very holy place for Jews who come there to pray. One way of praying is to write a hope on a slip of paper and place it in cracks in the wall.

Make your way up the Kotel by reading these words and sounds.

Meet the לָמֶד (Lamed)

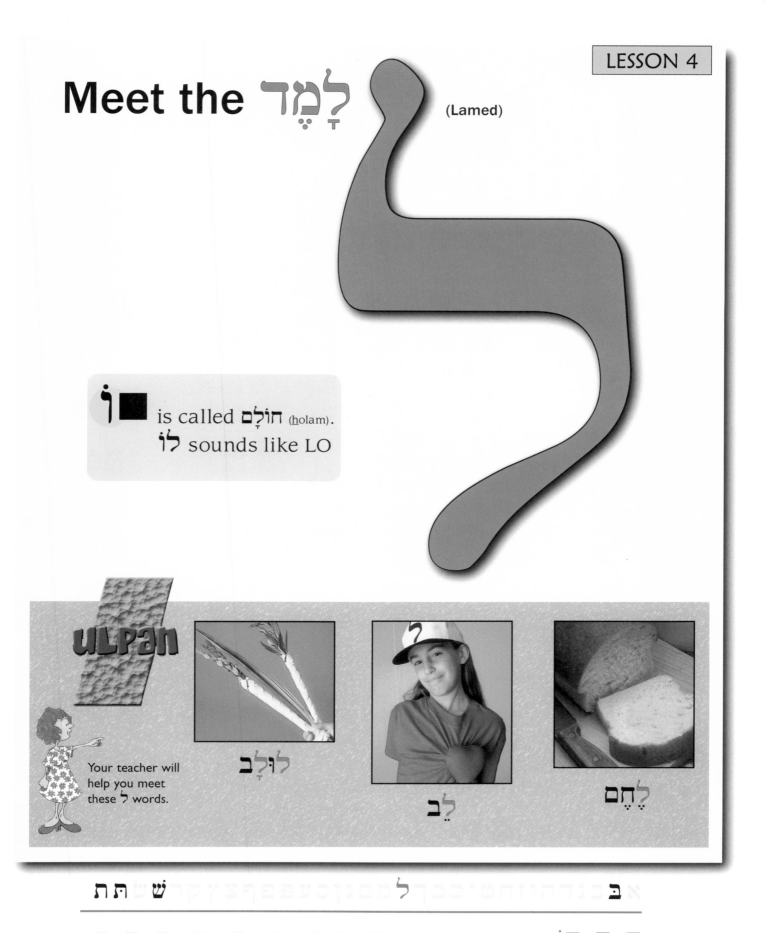

ל

וֹ◻ is called חוֹלָם (holam).
לוֹ sounds like LO

ULPAN

Your teacher will help you meet these ל words.

לוּלָב

לֵב

לֶחֶם

א בּ ב ג ד ה ו ז ח ט י כּ כ ך ל מ ם נ ן ס ע פּ פ ף צ ץ ק ר שׁ שׂ תּ ת

◻ָ ◻ַ ◻וֹ

לָה לָה לָה לָה לָה לָה לָה

לָ

sounds like LA

Sound off!

.1 לָ לַ לָה לַת לַשׁ לָה לָה

.2 לָה בַּל בַּת תָּל שַׁל לָה לָה

.3 שָׁלָ לַשָׁ תָּבָּ בַּתָּ לָלַ לָה לָה

.4 לַבָּת לַבָּשׁ בַּבָּל בָּשָׁל בַּבָּשׁ לָה לָה

.5 לָלָה שָׁלָה שַׁבָּל שַׁבָּת שָׁתָל לָה לָה

.6 בַּבָּל בַּבָּשׁ לַבָּת בָּשָׁל לַבָּשׁ לָה לָה

.7 שַׁ בָּת שַׁבָּת לָה בָּ שָׁל בָּשָׁל לָה

.8 שָׁ תַל שָׁתַל לָה לַ בַּת לַבַּת לָה לָה

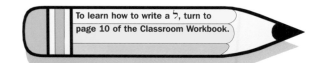

To learn how to write a ל, turn to page 10 of the Classroom Workbook.

לוֹ = לוֹא

Practice these sounds and words.

1. לוֹ לוֹא בּוֹ בּוֹא שׁוֹ תּוֹא לוֹ

2. בּוֹ לוֹא שׁוֹ לוֹ תּוֹא בּוֹא תּוֹ

3. תּוֹ שׁוֹא בּוֹ לוֹ בּוֹא לוֹא לוֹ

4. שׁוֹא תּוֹא לוֹ בּוֹ תּוֹלָה בּוֹשָׁה

These men are walking through the Jewish Quarter. It was once a place filled with synagogues and houses of study. When the Jordanians ruled the city, much of the Jewish Quarter was destroyed. Since Israel took the Old City in 1967 most of the synagogues have been rebuilt. The Jewish Quarter is again a place of Jewish life and Torah learning.

The Four Quarters of Jerusalem

The Old City of Jerusalem is divided into four quarters. If you come in through the Jaffa Gate, you are in the **Armenian Quarter**. Next you will come to the **Jewish Quarter**, which includes the *Kotel ha-Ma'aravi*, "The Western Wall." If you keep going you will find yourself in the **Muslim Quarter**, which is the largest quarter. Finally, you will come to the **Christian Quarter**, which is filled with many churches that tell the story of the death of Jesus.

Practice these words and sounds.

1. לָ לָה לוֹא לַה לַ לוֹא
2. לוֹ לוֹא בּוֹא בּוֹ שׁוֹ שׁוֹא לוֹא
3. תָּ תּוֹ תָּה בַּת לַבּ תּוֹל בּוֹל
4. שׁוֹ תָּה שׁוֹתָה בּוֹ שָׁה בּוֹשָׁה שׁוֹשָׁה
5. תּוֹ לָה תּוֹלָה בַּ לָשׁ בָּלַשׁ בּוֹלָשׁ
6. תּוֹלָה שׁוֹתָה בָּלַשׁ לוֹא בּוֹשָׁה שַׁבָּת
7. שַׁבָּת בַּ שַׁ בָּת בַּשַׁבָּת שַׁבָּת

This would be a perfect time to take out the posters and review all the words you've learned.

Now read this!

1. לָ לָא לָה בּוֹא תָּא שׁוֹ
2. בָּא בַּת שָׁא שׁוֹא תּוֹא לָא
3. תַּ תּוֹ תָּל תּוֹל בּוֹ בָּא
4. לָבּוֹא שַׁבָּשׁ תַּבָּל בּוֹא לוֹא

לָ = לָה = לָא

Cross out all the sounds that don't match the first one.

5.	שָׁה	~~שׁת~~	שָׁ	שָׁא	שַׁה
6.	תָּה	תַּ	תָּה	תַּת	תַּא
7.	בָּשָׁ	בַּשָׁ	בָּשׁ	בָּשַׁ	בַּשַׁ
8.	תָּבָּ	תַּבַּ	בַּתָּ	תָּבָּ	תַּבַּ
9.	שַׁבָּת	שָׁבָּה	שָׁבַּת	שַׁבַּת	שַׁבָּת

Meet the מֵם (Mem)

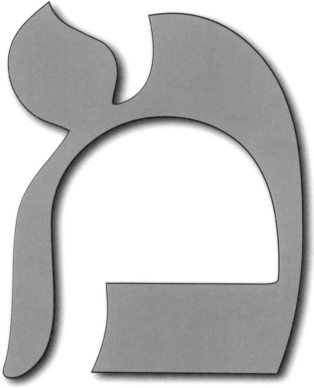

מ

מָ sounds like MA

ִ is called חִירִיק (hirik).
מִ sounds like ME

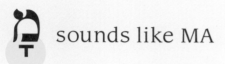

מַצָּה

מְגִלָּה

מְזוּזָה

מוֹרָה

Your teacher will help you meet these מ words.

בּ למם שׁ תּ ת

◻ָ ◻ַ ◻וֹ ◻ִ ◻ִי

מ = ם

Practice these sounds and words with מ and ם.

1. מַה מָה מוֹ מַ מָ מוֹא מָא מוֹ
2. לוֹם בּוֹם שׁוֹם תָּם שָׁם
3. בָּם לַם שָׁם תָּם בּוֹם
4. שָׁל מָשַׁל בָּלַם תּוֹם בָּם
5. לָמָה שָׁם מַמָּשׁ שַׁבָּת בָּלָה
6. תָּם שָׁמַם מוֹם מַה לוֹא
7. לָלָה שָׁלָה שַׁבָּל שָׁתָל
8. לָמָה שָׁם מָשַׁל שַׁבָּת שָׁלוֹם

Now you can read...

שָׁלוֹם

To learn how to write a מ, turn to page 13 of the Classroom Workbook.

Now we can learn the tiniest vowel. Here it is: ■

It goes under its letter like this:

• שִׁ מִ בִּ תִּ לִ

שִׁ	=	שִׁי
מִ	=	מִי
בִּ	=	בִּי
תִּ	=	תִּי
לִ	=	לִי

Sometimes it is followed

by the tiniest letter, like this.

שִׁי מִי בִּי תִּי לִי

■ is called a חִירִיק.

שִׁי sounds like SHE.

Make these "ee" sounds.

1. מִי בִּי בִּיתִי מִימִי תָּמִי מִשָּׁם מִיתָה

2. בִּים בַּם שִׁשִּׁי שִׁשִּׁים שָׁלוֹשׁ בִּימָה בָּלַשׁ

3. מִיתוֹת בִּילָה מִילָה לִבִּי בִּימַת בַּת לָמָּה

4. בָּמָה בָּמוֹת בִּיתִי שָׁמָּה בִּימוֹת בָּלַשׁ תָּם

5. שָׁל לָשׁוֹת לִימוֹת מִילוֹת שַׁמָּשׁ שַׁבַּת שָׁלוֹם

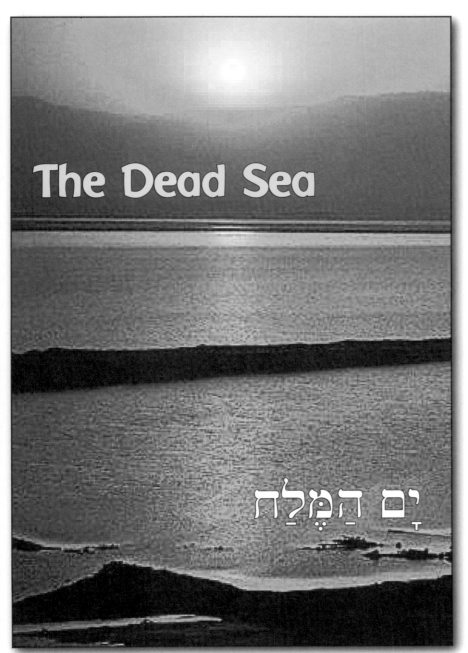

The Dead Sea

יָם הַמֶּלַח

The Dead Sea is the saltiest sea in the world. It is a place where everyone floats. It is also the lowest place in Israel, 1,300 feet below the level of the oceans.

Legends say that the Dead Sea was the location of Sodom and Gomorrah. These cities were destroyed, but today the Dead Sea is a place of health. People come to sit in the warm sun, take mineral baths, and cover themselves with black mud. The mud and the minerals are good for the skin.

In Hebrew the Dead Sea is called *Yam ha-Melah*, "The Salt Sea."

ULPAN

The Dead Sea is the perfect place to meet a family.

אַבָּא	אִמָּא	בֵּן	בַּת

Meet the דָּלֶת (Dalet)

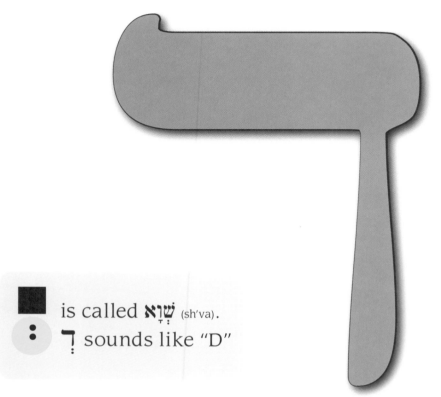

ד

■ is called שְׁוָא (sh'va).

ְ דְ sounds like "D"

ULPAN

דֶּגֶל

Your teacher will help you meet these ד words.

דְּבַשׁ

דֶּלֶת

בּ ד למם שׁ תּ ת

◌ָ ◌ַ ◌וֹ ◌ִ ◌ִי ◌ֵי ◌ְ

sounds like
DOE.

Practice these lines with ד sounds on them.

1. דָ דָה דְ דוֹ דִי דַ דוֹא

2. דוֹם דָם דַל דָמָה דָת דַה

3. שִׁידָה מִדָה מִדוֹת דוֹמָה

4. דָם בָּדָה דָתִי תּוֹדָה תּוֹדוֹת

5. דַשׁ לָמַד מַדִים תָּמִיד לוֹד

6. דוֹד דוֹדָה דוֹדִים דוֹדוֹת

7. דוֹדִי לִי דָשָׁה שָׁדַד מָדָד

8. מוֹדָה מוֹדִים דוֹלָה דָתוֹת

To learn how to write a ד, turn to page 15 of the Classroom Workbook.

Here is the quietest vowel in the whole world.

Draw lines to connect similar sounds.

דִישְׁ	בַּת
מַתְ	שָׁל
תּוֹלְ	תַּל
שָׁלְ	דִיש
תַּלְ	מַת
בַּתְ	תּוֹל

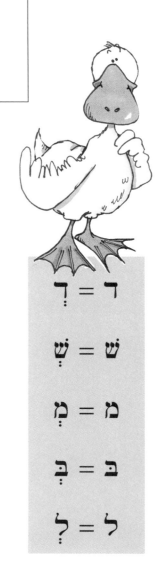

ד = דְ

שׁ = שְׁ

מ = מְ

בּ = בְּ

ל = לְ

Surprise! You can now read these words.

תַּלְמִיד

תַּלְמִידָה

תַּלְמִידִים

תַּלְמִידוֹת

Start Here

דוֹדָה

לִי

מָה

בִּים

דָם

בָּא

בַּד

בּוֹא

תָּם שַׁבָּת

שָׁתַל

מַמָּשׁ

שָׁתַלְתִּי

תָּמִיד

תַּלְמִיד

תּוֹדָה

לָמַד

לִבִּי

מִדָּה

Take a ride and go from דוֹדָה to מִדָּה.

Meet the אָלֶף (Alef)

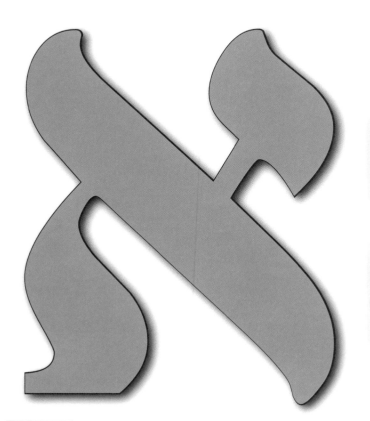

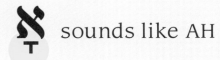

א

אָ sounds like AH

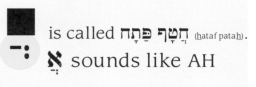

ֲ is called חֲטַף פַּתָּח (hataf patah).

אֲ sounds like AH

ULPAN

Your teacher will help you meet these א words.

אֲרוֹן-הַקֹּדֶשׁ

אֶתְרוֹג

אֶחָד

א ב ד ל מ ם שׁ תּ ת

ָ ַ וֹ ִ ִי ְ ֵ

If you want to read these, here's a secret:
Just read the vowel, not the **א**.

1. אָ אוֹ אִי אָה אִ אָ אְ

2. אָדָם אַבָּא אִמָּא אִם אַת

3. שׁוֹאָה אִמּוֹ שְׁלוֹמִית אִישׁ אִשָׁה אַתָה בָּאָה

4. אוֹת בָּאוֹת לַבָּאוֹת בְּאוֹתוֹת לוֹמְדִים מִילָה

אַ = אֲ

This vowel ◼ֲ is called a חֲטָף פַּתָח.
We say it just like the ◼ַ, the פַּתָח.

The word אֲדָמָה has a חֲטָף פַּתָח at the begining.
Can you find the word אֲדָמָה on this page?

5. אַת תָּא בָּא אוֹ אִם אִמִּי אִמּוֹ אִמּוֹת

6. דוֹאָה אָשְׁמָה בּוֹאָה בּוֹאִי בּוֹאוֹ בָּאִים בָּאוֹת

7. שָׁלוֹם שְׁלוֹמוֹ אַמָּה דָם אָדָם אֲדָמָה

8. מְאוֹד אַבָּא אִמָּא בְּאוֹת מַמָּשׁ דוֹלָה

מְצָדָה

Masada

Masada is a mountain near the Dead Sea. King Herod made himself a palace on top of it. The only way up was by climbing a long winding path called "The Snake Path." In 66 C.E. the Zealots, a group of Jewish freedom fighters, escaped from Jerusalem where the Romans were besieging that city and took over Masada. Even though the Romans tried hard to make them surrender, they defended themselves on this mountain top until the year 73. The Romans had to build a huge ramp up one side of the mountain before the Jews could be made to surrender.

Today a cable car takes visitors easily to the top. When you visit Masada you still see some of the luxuries that Herod had built and some of the things that the Zealots created for their religious needs. You can also look down and see where the Romans built their camps. There were less than 1,000 Jews on Masada. The Romans used more than 15,000 people to defeat them.

ULPAN workout

Name the letters in the first column.
Then “read” all the words on these lines.

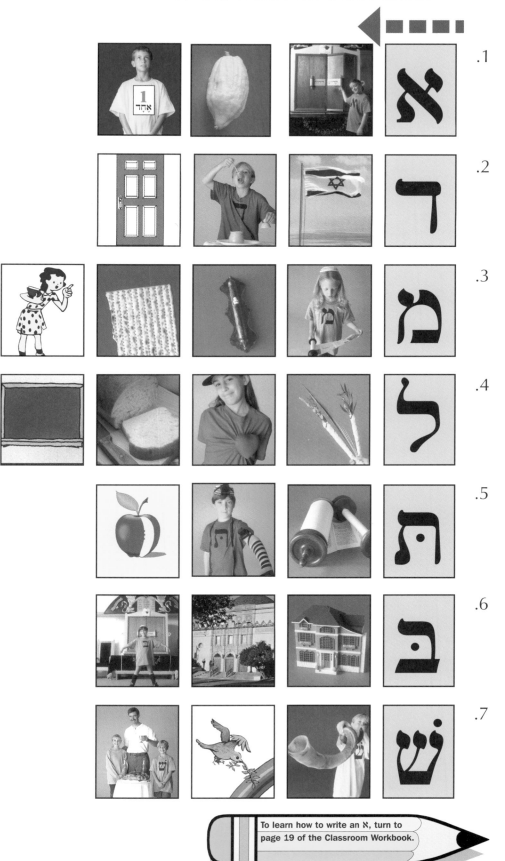

1. א

2. ד

3. מ

4. ל

5. ת

6. בּ

7. שׁ

To learn how to write an א, turn to page 19 of the Classroom Workbook.

Meet the נוּן (Nun)

נ

נָ sounds like NA

ULPAN

נֵר תָּמִיד

נֵרוֹת

נֵר

Your teacher will help you meet these נ words.

אבּ ד למםנן שׁ תּת

◌ָ ◌ַ ◌וֹ ◌ִ ◌ִי ◌ְ ◌ֵ

נ = ן

Practice these lines with our new letter נ.

1. נָ נִ נוּ נַ נִי נֶ נָא נָם נוֹד

2. אָנָה שָׁנָה שָׁנִים נִים דָן שִׁין בִּינָה

3. מָנָה לָן נִין דִין מִין שִׁין לִין אָמִין נָדִין נָד

4. שָׁנִים נָתַן מָנוֹת נָשִׁים אֲנָשִׁים לָשׁוֹן אֲדוֹן

Try these Siddur words.

5. מוֹדִים מִי שָׁנָה שָׁנִים

6. נָתַן בִּינָה לָשׁוֹן אֲדוֹן

7. שַׁבַּת שָׁלוֹם אֲדוֹן נָא אֲנִי

To learn how to write a נ, turn to page 21 of the Classroom Workbook.

Use these sounds and words to read up the snake path to Masada.

בִּינָה

אֲנָשִׁים

מוֹדָה

תַּלְמִיד

מָדַד   מוֹדִים

אָדוֹן

בָּאִים   דּוֹדָה   מִילִים

נָשִׁים   מִילָה   בָּנִים   לָשׁוֹן   תָּמִיד

אַבָּא   שַׁבָּת   אִמָּא

אֲנִי

דּוֹד   דִּין   נָתַן

אִישׁ

אַל

בּוֹא

שָׁנָה   דָּם   אָדָם   תָּם   מִי

31

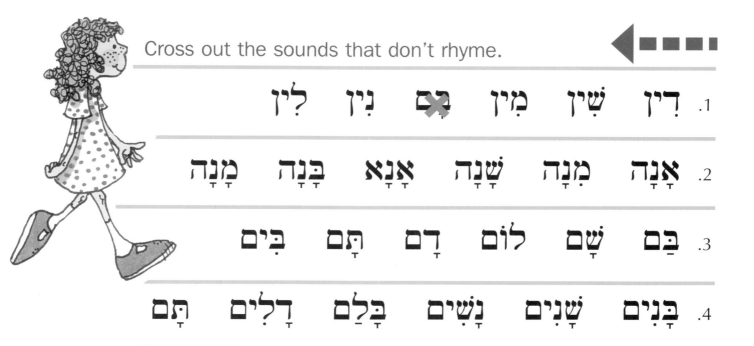

Cross out the sounds that don't rhyme.

1. דִין שִׁין מִין ~~בָּם~~ נִין לִין
2. אָנָה מִנָה שָׁנָה אָנָא בָּנָה מָנָה
3. בַּם שָׁם לוֹם דָם תָּם בִּים
4. בָּנִים שָׁנִים נָשִׁים בָּלַם דָלִים תָּם

Ein Gedi is an oasis near the Dead Sea. An oasis is a place where you can find fresh water in the middle of the desert. Ein Gedi has a stream of fresh water that falls down its mountainside in the middle of the Judean Desert. There is a kibbutz built at the foot of Ein Gedi. There is also a nature park there. You can climb up the hill and swim in the pools of fresh water beneath the waterfalls. David once hid from King Saul, who was trying to kill him, at Ein Gedi. The Dead Sea Scrolls, important ancient manuscripts, were found in caves near Ein Gedi.

Ein Gedi
עֵין גֶּדִי

Meet the הֵא (Hey)

ה

הָ sounds like HA

ULPAN

Your teacher will help you meet these ה words.

הָמָן

הַבְדָּלָה

הַגָּדָה

אב דה למםנן שׁ תּת

◌ָ ◌ַ ◌וֹ ◌ִ ◌ִי ◌ְ ◌ֵ

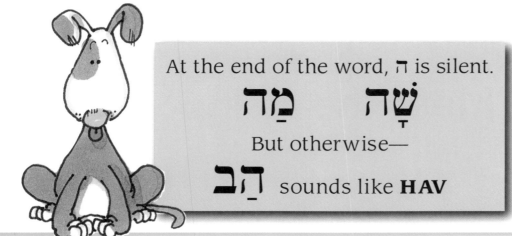

At the end of the word, ה is silent.

שָׁה מַה

But otherwise—

הַב sounds like **HAV**

1. הָ הוֹ הִי הֲ הִ הַ הֶ הִיא הִי הוֹ
2. הַב הָמַם הוֹן הַבָּא הַהוֹן הַהִיא הַלָּן
3. אָהַד בָּהַל דָהָה הָמָן הוֹדוֹ הַשִׁין מָהַל
4. נָהַם הִתְאִים הָמַם הַשְׁאָלָה הִשִׁיא מָהִיר

My Hebrew name is ______________________________

Here are some Hebrew names. If the name has a ה in it, circle the whole name.

5. אַבָּא בִּיתִי דָנָה דָנִי הוֹד אִדוֹ אַלוֹן
6. דָתָן הוֹדִי מָנִי שָׁלוֹם נִין דָן הוֹן
7. לִבָּה אוֹדָה אַלוֹנָה אָמוֹן אַנָה שׁוֹנִי
8. אוֹנִית מַתָן דִינָה הִלָה מַתִי שׁוֹשָׁנָה

Be'er Sheva

בְּאֵר שֶׁבַע

Be'er Sheva is the "capital of the Negev." The Negev is the south of Israel, and it is for the most part a big desert.

According to the Bible, Abraham spent a lot of time in Be'er Sheva. But the modern city is not the one where Abraham hung out. It is, however, the same area.

There are many Bedouins around Be'er Sheva. Bedouins are nomads who move from place to place in the deserts. Every Thursday there is a Bedouin market in Be'er Sheva. There is a big market day when it is possible to buy all kinds of things.

In Be'er Sheva you will also find Ben Gurion University of the Negev. This is one of Israel's largest universities. As part of this school there is an animal hospital, the only one in the world with a camel clinic.

ULPAN

There are lots of great places to eat in Be'er Sheva.

עוּגִיוֹת

גְּלִידָה

פִּיצָה

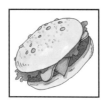

הַמְבּוּרְגֶר

35

Find the word that is hidden in each line—
it is the same as the word in the box.

אָדָםהוֹןאֲדָמָהאֲדוֹןשָׁלוֹםנַתָןמַתָנָה	אֲדוֹן	.1
שַׁבָּתשָׁלוֹםשָׁנָהשָׁנִיםמְשָׁנִיםשׁוֹתָה	שָׁנָה	.2
שְׁנַנְתָםמַהנִשְׁתָנָהתוֹדָההדוֹמֶהמוֹדָה	מַה	.3
לָהלוֹאלִינהלָבַּתלִבָּהלִבִּיבָּלַתלִבַּת	לִבָּה	.4

Here are some words you know that you can now sound out. How many of these words do you understand?

.5 בִּימָה שָׁנָה תַּלְמִידִים אָדָם

.6 אַבָּא אִישׁ תַּלְמִידָה הָמָן

.7 שָׁלוֹם שַׁבָּת אֲדָמָה תַּלְמִיד

.8 תַּלְמִיד תַּלְמִידָה תַּלְמִידוֹת

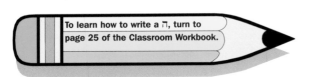

To learn how to write a ה, turn to page 25 of the Classroom Workbook.

Meet the רֵישׁ (Reish)

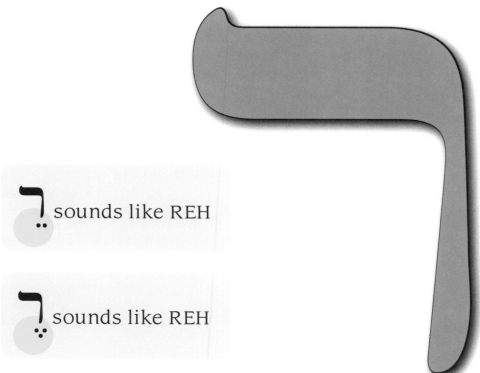

ר

רֵ sounds like REH

רֶ sounds like REH

ULPAN

Your teacher will help you meet these ר words.

רַעֲשָׁן

רַב

רִמּוֹנִים

אב דה למםנן רש תת

ָ ַ וֹ ִי ִ ֲ ְ ֵ ֶ ֱ

רָ

sounds like

RA

Practice these sounds that have a ר in them.

1. רָ רָה רוֹ רִי רְ רִ רַ
2. רָם רָן רָד מָרִיר בַּר רָמָה
3. אוֹרָה הוֹרָה נוֹרָא מוֹרָה תּוֹרָד
4. אֲרִי רָשִׁי לִירִי שִׁיר רוֹנִי בָּרָד
5. שִׁירוֹן מָרוֹם רוֹמָן רִינָה רְאִי
6. בָּרָא אָרוֹן לְהִתְרָאוֹת מְנוֹרָה מָרוֹר

Here are some words from the Siddur that you can read!

7. שָׁלוֹם נוֹרָא אָדוֹן אוֹר
8. מַה אַתָּה לְאוֹת אִם
9. אֲנִי לְדוֹדִי לִי הֲמוֹנָם
10. תּוֹרָה אוֹרָה הוֹרָה הָאֲדָמָה

To learn how to write a ר, turn to page 27 of the Classroom Workbook.

At the end of this page you'll know almost all the important vowels!!

סֶגוֹל
צֵירֶה

1. שֶׁ שֵׁ בֶּ בֵּ דֵ דֶ אֶ נֵ נֶ מֶ מֵ שֵׁשׁ

2. בֵּן שֶׁל שֵׁן אֶל רֵד תֵּל תֵּן אֵל הֶם נֵר

3. אֵשֶׁל מֵרִי לֶבֶּן רֶשֶׁת שֶׁמֶר אָמֵן דֶלֶת דַבֵּר

4. רוֹמֵם שֶׁמֶשׁ נוֹשֵׁר נֶשֶׁר מֶרֶד שֵׁדִים נֵרוֹת

5. אוֹמֶרֶת הִדְהֵד אֶלְדָד שׁוֹמֵר תָּמִיד בּוֹרֵא

שְׂדֵה בֹּקֶר

A Visit to S'deh Boker

S'deh Boker is a kibbutz in the Negev. Ben Gurion, the first prime minister of Israel, loved the Negev. When he retired he moved to Kibbutz S'deh Boker. You can visit his house and his grave. Also at this kibbutz there is a field school that teaches people about living in and loving the desert. The Negev is a desert of rocks and not sand.

Bedouins live in tribes. They camp near oases and live in large tents. Many Bedouins are shepherds and move through the wilderness with their flocks. This is much the way that Abraham lived. The head of a Bedouin tribe is called a "sheik." Abraham must have been a lot like a sheik. Bedouins are famous for making great coffee.

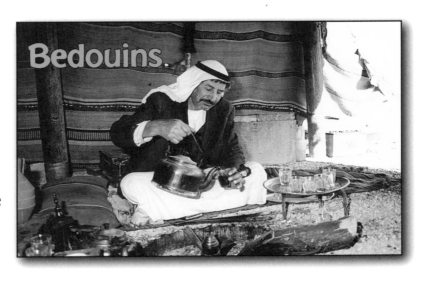

To Dot or Not to Dot

The ● is very important.
It's called a dagesh.
When it's in a בָּ, we say **BA**.
When it's not there, as in בָ, we say **VA**.

1. בָּ בַ בֵּ בִי בַ בֶ בִּ בִים בָם בִּים בָּם
2. בָּהֶם אֲבִי אֶבֶן לִבִּי לֵב דוֹב שְׁבִי בָּבֶל
3. לָשֶׁבֶת דְבוֹרָה בֵּינִי בֵין דְבָשׁ נָבִיא הַב
4. שָׁלָב נָבִיא בְּאָב הַבְדָלָה אָבוֹת הֵבִיא
5. הֵבִין הֲבָרָה מוֹבִיל לָבַשׁ הֶבְדֵל מִבְרֶשֶׁת

Today, Israel is helping many Bedouins to begin to live in villages. Some of them are beginning to live more modern lives. Near to Be'er Sheva you can visit the Museum of Bedouin Culture, which celebrates their crafts and their way of life.

Practice these words from the Siddur.

1. אַהֲבָה רַבָּה אוֹר תָּמִיד אֲנִי
2. מוֹדֶה רַבָּה אָהַבְתָּ הִיא שְׁמוֹ
3. אֲשֶׁר בִּדְבָרוֹ אַהֲבַת בֵּית תּוֹרָה נִשְׁמָתִי
4. נְשָׁמָה אַהֲבָה אַתָּה לָבוֹא מוֹדָה רִבּוֹן
5. בָּאֵלִים נֶאְדָּר נוֹרָא שִׁירָה מֵבִיא אַהֲבָה

Can you find the word אַהֲבָה ? It is in this exercise more than once.
It means loves.

Letter Names

Sound out the letter names below and write the correct letter.

1. בֵּית ______
2. לָמֶד ______
3. מֵם ______
4. דָּלֶת ______
5. הֵא ______
6. בֵית ______
7. שִׁין ______
8. רֵישׁ ______

To practice writing a בּ, turn to page 31 of the Classroom Workbook.

Eilat

אֵילַת

Eilat is a four-hour drive south from Jerusalem. It is Israel's only city on the Red Sea, and it is a place of water sports. Eilat is warm. It is a place to swim, sail, snorkel, water-ski, fish, and enjoy the sun. Near Eilat are wonderful coral reefs where you can see all kinds of fish. There are wonderful beaches here.

Eilat is a place where Israelis go on vacation and many people from Europe go on vacation, too. In addition to the water, all kinds of exotic birds can be seen in Eilat. It is a place to go on desert adventures, too.

Eilat has a very old history. Moses and the Families-of-Israel probably came to Israel via Eilat. King Solomon visited Eilat. Lawrence of Arabia had a big adventure near Eilat, too. But the city that is here today is a modern city. It is filled with restaurants, hotels, and all kinds of businesses.

ULPan

Eilat is a great place to go to the beach.

רַגְלַיִם

כְּתֵפַיִם

בֶּרֶךְ

יָד

בִּדְבָרוֹ
דְּבַשׁ
דֶּלֶת
אֲנִי
תָּמִיד
אַהֲבָה
הֵבִין
חֲבֵר
שִׁיר
לֵב
רַב
לְהִתְרָאוֹת
אָמֵן
בּוֹרֵא
שׁוֹמֵר
תּוֹרָה
נָבִיא
Practice your Hebrew with the words on these fishes. Don't let them swim away!

Meet the וָו (Vav)

ו

וָ sounds like VA

וְ sounds like V'

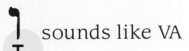

ULPAN

Your teacher will help you meet this ו word.

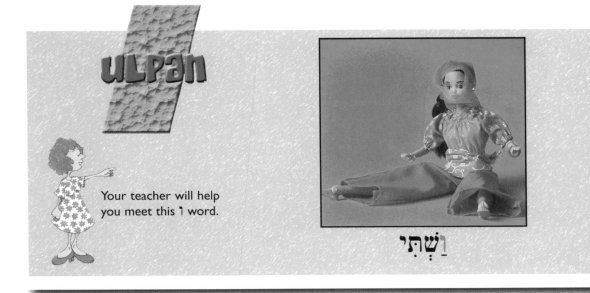

וַשְׁתִּי

אבּב דהו   למםנן   רשׁ תּת

□ָ □ַ □וֹ □ִ □ִי □ְ □ֲ □ֵ □ֶ □ֱ

ב = ו

Remember וֹ?
It sounds like "Oh!"

Here is a ו. It sounds like "V".
It is called a וָו.

When we put the ו with
the vowel ְ,
it says "v".

וְ means "and".

1. וְ וִי וֶ וֹו וָ וֲ וָו וִים וָם

2. וֶרֶד וִתֵּר וָרוֹד דַוָּר תָּוִים נָוֶה נָאַם מַוֶת

3. וַאֲנִי וְאַתָּה וְאָהַבְתָּ וְתוֹרָה וְדִבַּרְתָּ בָּם

4. אֲנִי וְאַתָּה מְשַׁנֶּה אֶת וְנֶאֱמָן וְנוֹתְנִים

5. וְנֶאֱמָר הַדְּבָרִים הָאֵלֶּה אֶת שֵׁם הָאֵל

6. וְנוֹרָא וַאֲנִי בְּרוֹב אָבוֹא אָהַבְתִּי בֶּאֱמֶת

To learn how to write a ו, turn to page 33 of the Classroom Workbook.

Eilat is the perfect place from which to explore the Negev. One can go out into the wilderness and see some amazing things.

One can go for a walk through Solomon's Gorge. Here you can hike through beautiful rock formations.

One can go to Ein Netafin, where animals and birds gather around a spring in the wilderness. It is a great place to look at nature.

At the Pillars of Amram one can see huge rocks. And at the Timna Nature Reserve one can see where King Solomon once had a copper mine.

In these words the ׳ makes no sound.

1. שִׁירָיו שׁוֹמְרָיו אוֹהֲבָיו בָּנָיו בִּמְרוֹמָיו

Three Kibbutzim in the South (and one more in the North)

In the south, near Eilat, you will find three interesting kibbutzim. Yahel and Lotan are connected to the Reform Movement. Ketura was founded by the youth movement Young Judea. In the Galilee in the north you will find HaNaton, a kibbutz connected to the Conservative Movement.

Race along on these dune buggies by saying the word on each dune buggie's flag.

Meet the טֵית (Tet)

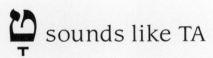

טָ sounds like TA

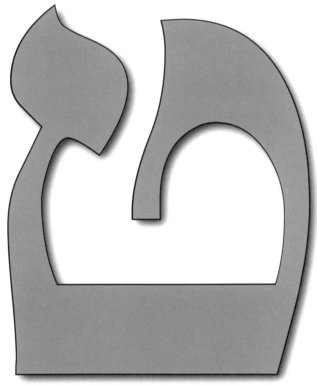

Your teacher will help you meet these ט words.

טוֹב

ט"וּ בִּשְׁבָט

טַלִּית

אבּב דהו ט למסנן רש תת

□ָ □ַ □וֹ □ִ □ִי □ְ □ֲ □ֵ □ֶ □ֱ □ֵי

ט = ת

Practice these ט sounds and words.

1. טַ טוֹ טָה טֶ טְ טִי טֵ טֲ טֱ טֵ

2. טַל טוֹב טִין טָלֶה טָרִי טִירָה טֶרֶם

3. טוֹבָה טָמַן טִשְׁטֵשׁ בְּטֶרֶם טִרְטֵר טוֹמֵן

4. שָׁנָה טוֹבָה לְאַט שְׁבַט בִּשְׁבַט טַלִית

5. טַלְטָל מָטָר טָהוֹר טַלִיתוֹת רָטוֹב טֶנֶא

6. טוֹבֵל טוֹבִים בֶּטֶן הַמֵּטִיב מַטָרָה

7. טָבַל טַל טָרִי טֶרֶם לְאַט אִטֵר

8. אִטִי בָּטֵל בְּטֵלָה הֵיטֵב נָטָה נָטַל

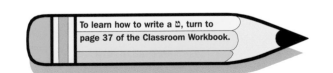

To learn how to write a ט, turn to page 37 of the Classroom Workbook.

Cross out all the sounds that don't rhyme with the one in the box.

.1	טוֹב	דוֹב	~~דָּוִד~~	רוֹב	שׁוֹב
.2	טָמַן	טוֹמַן	הָמָן	רָמָן	שָׁמַם
.3	דוֹדָה	תּוֹדָה	מוֹדָה	דוֹדִי	הוֹדָה

Find the word that is hidden in each line—
it is the same as the word in the box.

.4	טָמַן	הָמָןבֶּטֶןמָטָרטָמַןטָהטוֹמֵןטַוָם
.5	טוֹבָה	רָטוֹבטוֹבטָהוֹרטוֹבֵלטוֹבָהטוֹבוֹת
.6	נָטַל	נָטָהבְּטֵלָהנָטַלשְׁבַטטַלטְלָטָבַל
.7	בְּטֶרֶם	טֶרֶםטָרִיבְּטֶרֶםבִּשְׁבַטבְּטֵלָהבֶּטֶן
.8	בִּשְׁבַט	הֵיטֵבשַׁבַטבִּשְׁבַטטַלִיתותטוֹבלְאַט

Here are some words from the Siddur you can read!

1. מוֹדִים שָׁאַתָּה לְדוֹר וָדוֹר
2. וְנֶאֱמָן אַתָּה אֱלוֹהִים תָּמִיד
3. מַה טוֹב נָאִים שֶׁבֶת אֲדוֹן
4. וְנוֹרָא וְאָדִיר וְטוֹב מוֹרִיד
5. לִשְׁמוֹר לִלְמוֹד לְשָׁלוֹם וֵאלוֹהֵי
6. נוֹדֶה שָׁמוֹר אֱלוֹהֵי בֶּאֱמֶת
7. לְאֵל לְבָדוֹ נוֹרָא וֵאלוֹהֵי

a = ◌ֵי = ◌ֵא

"a" as in "say"

Can you figure out how many kilometers from Eilat this picture was taken?

Meet the עַיִן (Ayin)

ע

עָ sounds like AH

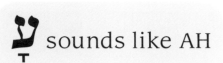

ULPAN

Your teacher will help you meet these ע words.

עוֹלָם

עֵץ

עֵץ חַיִּים

אבּב דהו ט למםנן ע רשׁ תּת

◌ָ ◌ַ ◌וֹ ◌ִ ◌ִי ◌ְ ◌ֲ ◌ֵ ◌ֶ ◌ֱ ◌ֵי ◌ָי ◌ַי

Now try these words and sounds that have an ע in them.

עָה = אָה

1. עַ עִי עֶ עָה עוֹ עַל עוֹל

2. עָנָה עַם עָב עָנָן עֵד עֵט

3. רֶבַע רָע רָשָׁע רַעַשׁ רָעִים רוֹעֶה

4. רוֹעִים מְעַט עָרִים עוֹבֵר עִיר עֵין

5. טָעָה עוֹלָם בּוֹעֵט רַעֲשָׁן תִּשְׁעָה

6. תּוֹלַעַת עִבְרִית לְעוֹלָם וָעֶד שְׁמַע

Here are some words from the Siddur you can read!

Siddur Words

7. עַל הַתּוֹרָה וְעַל הָעֲבוֹדָה

8. לְמַעַן שְׁמוֹ מוֹשִׁיעַ אָבוֹת

9. אֵל עָלַי רַבּוֹתַי אֱלוֹהַי

10. מַעֲרִיב עֲרָבִים אֲדוֹנָי אֲדוֹנֵי

11. עֲמִידָה אֲבוֹתַי מֵעַתָּה וְעַד עוֹלָם

עָי = עַי

SAY EYE

Tel Aviv

תֵּל אָבִיב

Tel Aviv is the business center of Israel. It is a big, modern city filled with offices and great things to do at night. It is a place of restaurants, hotels built along white sand beaches, night clubs, and theaters. Lots of people live in Tel Aviv, too.

Tel Aviv is not an ancient city. In 1909 a few Jews bought some land from the Turkish owners in order to build a new city. The land was only sand dunes. Today it is Israel's largest city, Tel Aviv.

In the 1930s Tel Aviv began its own building style. It was filled with white buildings with very modern lines. This style was called Bauhaus. Today there are all kinds of buildings in the city, but you can still see the Tel Aviv look. The city is filled with balconies and gardens.

ULPan

Tel Aviv is where we get to visit a school.

לוּחַ

עִפָּרוֹן

סֵפֶר

מַחְבֶּרֶת

Here are some words from the Siddur!

1. אֲשֶׁר בִּדְבָרוֹ אֲדוֹנָי עַל אֵל

2. שְׁעָרִים עִתִּים בּוֹרֵא אוֹר

3. בֵּין שְׁמוֹ תָּמִיד לְעוֹלָם וָעֶד

4. אַהֲבַת עוֹלָם תּוֹרָה מַעֲרִיב

5. מַעֲבִיר מֵבִיא אֱלוֹהֵי עֲרָבִים לְעוֹלָם וָעֶד

6. שְׁמַע וְאָהַבְתָּ לְאוֹת בֵּית בְּמִשְׁמְרוֹתֵיהֶם

Circle the two words on each line that are spelled differently but sound *exactly* alike.

7. טוֹב עֵת אוֹת לֵב אֵת אַתְּ בֵּית רַב

8. אוֹר עוֹל תּוֹר שׁוֹר עוֹד אֵל עוֹר טוֹב

9. רוֹעֶה מוֹרֶה תּוֹרָה רוֹאֶה תּוֹאֶה טוֹבָה

10. אָמִיר טָמִיר אוֹמֵר שׁוֹמֵר תָּמִיר תָּמָר

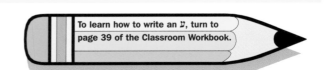

To learn how to write an ע, turn to page 39 of the Classroom Workbook.

Meet the כָּף (Kaf)

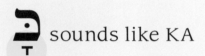

כָּ sounds like KA

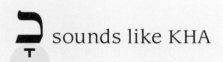

כָ sounds like KHA

Your teacher will help you meet these כּ words.

כִּפָּה

כֹּתֶל

כַּרְפַּס

אבּב דהו ט כּכך למםנן ע רשׁ תּת

◌ָ ◌ַ ◌וֹ ◌ִ ◌ִי ◌ְ ◌ֲ ◌ֵ ◌ֶ ◌ֱ ◌ֵי ◌ָי ◌ַי

Practice these כּ words and sounds.

1. כַּ כֶּ כֵּי כּוֹ כּ כֵּא כְּ כָּ כֵּ

2. כֶּתֶר כָּשֵׁר כּבֵד כָּתַב כֶּלֶב כָּבוֹד

3. כּוֹתֶל כּוֹבַע כֵּן כַּלָּה כְּמוֹ כּוֹתֶבֶת

4. כִּכָּר כִּלְכֵּל עַכָּבִישׁ כְּדֵי כַּוָּנָה כַּוֶּרֶת

5. שִׁכּוֹר מַכָּר הִכִּיר דִּכָּא כַּמָּה כִּמְעַט

כָ
sounds like
KHA
כָּ
sounds like
KA

6. כַּר כֵּן כַּד כַּת מָכַר לָכֵן לָכַד

7. בְּכַת הֲכִי לְכִי הָכֵן רַכָּה כָּכָה שָׁכַב

8. שׁוֹכֵן כְּבָר מַכִּיר כָּרַע מוֹכֵר כִּי כּוֹכָב

9. אוֹכֵל בְּכִי בְּרָכָה בִּרְכוֹת מְכוֹנִית תְּכֵלֶת

This is a final ך, which comes at the end of a word. Unlike the final letters ם or ן, a ך can have a vowel—ךָ and ךְ.

1. לֶךְ כַּךְ בָּךְ אֵיךְ תּוֹךְ הַךְ רַךְ לָךְ
2. תְּנַךְ דֶרֶךְ בֶּרֶךְ בְּתוֹךְ עוֹדֵךְ עָרַךְ מֶלֶךְ
3. לְךָ בְּךָ שֶׁלְךָ מִמְךָ נֵרְךָ עַמְךָ שִׁמְךָ בֵּיתְךָ
4. לְבָבְךָ תּוֹרָתְךָ אוֹרְךָ כָּמוֹךָ דְּבָרְךָ עַמֶּךָ
5. אַךְ תַּאֲרִיךְ מְבָרֵךְ הָלַךְ תַּהֲלִיךְ מַלְאַךְ
6. לְבָנֶיךָ מְאוֹדֶךָ תְּהִלָּתֶךָ בְּבֵיתֶךָ עֵינֶיךָ

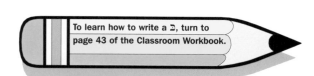

To learn how to write a כּ, turn to page 43 of the Classroom Workbook.

In the middle of Tel Aviv six streets come together. It is like the center of a Jewish star. Here there is a square named after Tel Aviv's first mayor, Meir Dizengoff. In the center of the square the Israeli artist Agam designed a fountain called "Fire and Ice."

The tallest building in Tel Aviv is the Shalom Towers.

שׁוֹכֵן מוֹכֵר בְּתוֹךְ כִּמְעַט
אוֹכֵל כֶּתֶר מַלְאָךְ לְבָבְךָ
בֶּרֶךְ שִׁכּוֹר כְּמוֹ כָּמָה
שִׁמְךָ רָשָׁע רַעֲשָׁן
שְׁמַע כָּבוֹד דֶּרֶךְ כַּמָּה
כֶּלֶב כָּתַב כָּכָה
בֵּיתֶךָ רַעַשׁ כָּמוֹךָ אֲדוֹנָי
עוֹלָם שׁוֹמֵר כּוֹכָב
כַּוָּנָה טָמִיר רוֹעֶה שְׁעָרִים
אֱלוֹהַי בְּרָכָה מְכוֹנִית
מְבָרֵךְ מוֹשִׁיעַ עֲמִידָה עֲרָבִים

Read all the words on the Shalom Towers from the bottom to the top.

Meet the יוּד (Yud)

י

יָ sounds like YA!

Your teacher will help you meet these י words.

יְרוּשָׁלַיִם

יִשְׂרָאֵל

יָד

אבּב דהו טיכּכךלמםנן ע רשׁ תּת

◌ָ ◌ַ ◌וֹ ◌ִ ◌ִי ◌ְ ◌ֲ ◌ֵ ◌ֶ ◌ֱ ◌ֵי ◌ָי ◌ַי

יָה = Ya

Sound out these י words and sounds.

1. יָ יַ יֵ יֶ יוֹ יִ יְ יָ יָם יָד
2. יֵשׁ יוֹם מִיָד יוֹנָה יֶלֶד בַּיִת
3. יַעַר יַבָּשָׁה יַלְדָה יָהִיר יְלָלָה
4. יְמָמָה יַהֲלוֹם יְבָרֵךְ יִתְרוֹמָם
5. מַיִם אַיִל לַיִל לַיְלָה כִּיוֹר
6. נְיָר יַיִן מֶלֶךְ מָלַךְ יִמְלוֹךְ

Match the sounds that are the same.

יָהִיר	כּוֹכָב
לַיִל	יְלָלָה
מְבָרֵךְ	אַיִל
יְמָמָה	מָהִיר
שׁוֹכָב	יְבָרֵךְ

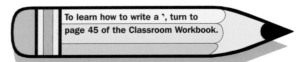

To learn how to write a י, turn to page 45 of the Classroom Workbook.

בּוּ = בֻּ

They sound like Boo!

Now you can sound out these beyooootiful sounds and words.

1. בּוּ תֻ רוּ דֻ שׁוּ יֻ כּוּ עֻ טוּ הֻ מוּ אֻ
2. טוּב שׁוּב טוּר נוּר לוּל הוּא בָּרוּךְ
3. שָׁבוּעַ כֻּלָם לְעֻמָתָם מְהֻלָל כֻּלָנוּ טִיוּל
4. בְּרוּכִים שׁוּשָׁן מוּתָר נְאוּם כָּתוּב כֻּלוֹ
5. אוּמָה תָתוּרוּ מְלוּכָה בֻּבָה לוּלָב בּוּעוֹת
6. בָּרְכוּ כַּכָּתוּב מַלְכֵּנוּ וּבְרָכָה מְעֻמָד
7. אָשַׁמְנוּ הֶעֱוִינוּ וְהִרְשַׁעְנוּ מָרַדְנוּ מְאֻבָּן
8. יַכִּירוּ יַלְדוּת עָוִינוּ רָשַׁעְנוּ בּוֹאֲכֶם בְּשָׁכְבֵנוּ
9. הַלְלוּיָה דַּיֵּנוּ יְרוּשָׁלַיִם יְרוּשָׁה בְּרוּכָה

Meet the root word
Bless = בּרך

Read and circle all the words with בּרך.

יי = אֲדוֹנָי

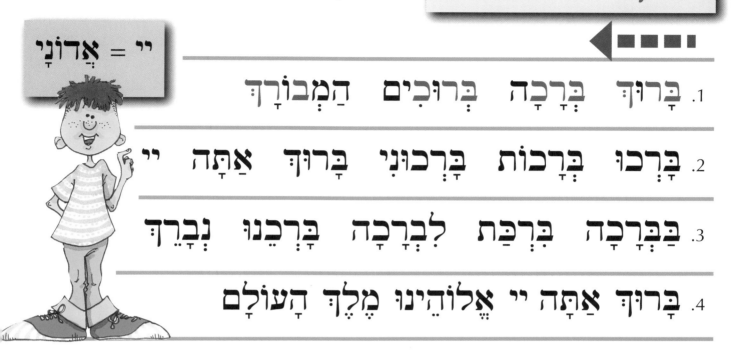

1. בָּרוּךְ בְּרָכָה בְּרוּכִים הַמְבוֹרָךְ

2. בָּרְכוּ בְּרָכוֹת בָּרְכוּנִי בָּרוּךְ אַתָּה יי

3. בַּבְּרָכָה בִּרְכַּת לִבְרָכָה בָּרְכֵנוּ נְבָרֵךְ

4. בָּרוּךְ אַתָּה יי אֱלוֹהֵינוּ מֶלֶךְ הָעוֹלָם

You can now read these Siddur phrases!
How many times can you find the word בָּרוּךְ here?

5. בָּרְכוּ אֶת יי הַמְבוֹרָךְ

6. בָּרוּךְ יי הַמְבוֹרָךְ לְעוֹלָם וָעֶד

7. מִי כָמוֹכָה בָּאֵלִים יי

8. בָּרוּךְ שֵׁם כְּבוֹד מַלְכוּתוֹ לְעוֹלָם וָעֶד

9. וְאָהַבְתָּ אֵת יְיָ אֱלוֹהֶיךָ

Meet the חֵית (Het)

ח

ח̣ sounds like HA

ULPAN

Your teacher will help you meet these ח words.

חֹשֶׁן

חֲנֻכִּיָּה

חַלָּה

אבּב דהו חט למםנן רשׁ תּת

□ָ □ַ □וֹ □ִ □ִי □ְ □ֲ □ֵ □ֶ □ֱ □ֵי □ָי □ַי □וּ □ֻ □ֹ

Practice these ח words and sounds.

1. חָ חוֹ חִי חַ חֵ חֶ חְ חֲ חֱ חֵי

2. חֶן חַם חָד חָל חוֹל חָשׁ חַי חַיִים לְחַיִים

3. חֲנֻכָּה חֲנֻכִּיָּה חַלָּה לוּחוֹת חָלָב תַּחַת אָח

4. מֶלַח לֶחֶם חֶמְאָה שַׁחֲרִית חַנָּה חֲנֻכִּיָּה

5. חָבֵר חֲבֵרִים שׁוֹלַחַת מַחְבֶּרֶת כְּחֻלָּה

6. חֵטְא תְּחִלָּה חִנּוּךְ בָּחַר בָּחוּר בַּחוּרָה בְּדִיחָה

at the end

חַ = אַח

9. טִיחַ חוֹחַ שׁוֹלֵחַ יָרֵחַ

10. לוּחַ רוּחַ רֵיחַ כּוֹחַ

11. טוֹרֵחַ בּוֹרֵחַ בְּרוּחַ

12. מָשִׁיחַ אֲבַטִּיחַ לְשַׁבֵּחַ

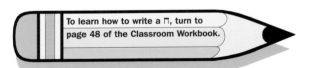

To learn how to write a ח, turn to page 48 of the Classroom Workbook.

Sometimes the חוֹלָם vowel is written with the vav: וֹ
and sometimes the חוֹלָם is written without the vav.

1. מֹ חֹ כֹּ לֹ נֹ שֹׁ טֹ לֹא בֹּא

1. עֹל כֹּל כֹּחַ רֹעַ חֹחַ מֹחַ נֹחַ

2. לֹבֶן רֹב דֹר עֹנִי אֲדֹנָי אָדֹם

3. אָנֹכִי כֹּהֵן כְּתֹנֶת מְאֹד כֹּתֶל

4. הַמְבֹרָךְ חֹדֶשׁ רֹאשׁ מֹשֶׁה חֹשֶׁן

דֹ = דוֹ

In Tel Aviv there is a museum devoted to all the places Jews have lived besides the Land of Israel. It is called the Diaspora Museum. It shows all the places that Jews have been and the customs and traditions that came from each place. It tells the story of the Jewish people from the time that most of them left the Land of Israel in 200 C.E. until the time of the new State of Israel in 1948. What is interesting about this museum is that it contains nothing that was collected. Everything it displays was made just for the museum.

Yaffo is a port. A tradition teaches that Noah's son Yafet started it after the flood. Another tradition teaches that Jonah left on his journey from Yaffo. It has always been an important way to come to the Land of Israel or to bring things there.

Today Yaffo is a city of artists and fishermen. The two mix together.

In Yaffo you can find Abu Elfah. This is a pita bakery that was started in 1820. It is still running. Pita is a flat bread that is good for eating falafel and h̲umus. There is also a flea market in Yaffo.

O, Oh

Sometimes the same word is spelled in different ways.

Check out these words.

1. מוֹשֶׁה מֹשֶׁה
2. הַמְבוֹרָךְ הַמְבֹרָךְ
3. לוֹא לֹא
4. חוֹדֶשׁ חֹדֶשׁ
5. כּוֹל כֹּל כָּל

◻ָ = וֹ

This vowel is called *kammatz katan*

Meet the סָמֶךְ (Samekh)

סָ sounds like SA

Your teacher will help you meet these ס words.

סִדּוּר

סְבִיבוֹן

סֻכָּה

אבּב דהו חטיכּכךלמםנןסע רשׁ תּת

□ָ □ַ □וֹ □ִ □ִי □ְ □ֲ □ֵ □ֶ □ֱ □ֵי □ָי □ַי □וּ □ֻ □ֹ

Practice these ס sounds and words.
Be careful of the word in the yellow circle!

סֶ סוֹ סַ סֹ סְ סוּ סֵ סָ סִי סֶ .1

סַל סוֹב סוֹד סוּר סוּס סַם .2

סִדּוּר סֻכּוֹת חֲרֹסֶת חֶסֶד סֵדֶר .3

כִּסֵּא כִּסְאוֹ הַנִּסִּים אָסוּר סֻכָּה .4

סֻלָּם סוֹלֵל טִיסָה סַבָּא סָבְתָא .5

הִסְתּוֹבֵב יַסְכִּים הַסְכָּמָה טַוָּס .6

חָסִיד בְּסֵדֶר סוֹמֵךְ הַמְסוּרִים .7

סְעֻדָּה מִסְעָדָה סַבְלָנוּת מְסַיֵּם .7

סִינַי סְבִיבוֹן הִסְתַּדְּרוּת סוֹמְכִים .8

סָ
sounds like
SA

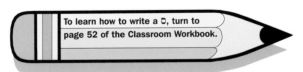

To learn how to write a ס, turn to page 52 of the Classroom Workbook.

Haifa

חֵיפָה

Haifa is a city where Jews and Arabs (both Christians and Muslims) live together pretty well. Many Druze live here, too. In Haifa they found the bones of a person that lived 100,000 years ago. Haifa is also a place where the prophet Elijah had an adventure. Today Haifa is Israel's leading port. It is a city built on a hill by the sea, sort of like San Francisco. Haifa has three levels. At the bottom is the Namal, the port. In the middle is the Hadar, the core city. At the top is the Carmel, a place of great views and expensive homes. In Haifa there is the Carmelit, Israel's only subway that goes up and down the mountain.

ulpan

There are lots of interesting faces in Haifa.

פֶּה

אַף

אֹזֶן

עַיִן

Practice these Siddur words.

1. אֲדֹנָי מֵתִים רַב לְהוֹשִׁיעַ
2. מְכַלְכֵּל מֵתִים בְּרַחֲמִים הָרוּחַ
3. סוֹמֵךְ וּמַתִּיר אֲסוּרִים אֱמוּנָתוֹ
4. לִישֵׁנֵי מִי מֶלֶךְ מֵמִית יְשׁוּעָה מוֹרִיד
5. וְנֶאֱמָן לְהַחֲיוֹת חוֹלִים בִּנְסֹעַ בְּחֶסֶד

Now practice these Siddur phrases.

6. וְנֶאֱמָן אַתָּה לְהַחֲיוֹת מֵתִים
7. אֵין כָּמוֹךָ בָּאֱלֹהִים אֲדֹנָי
8. יְהִי שֵׁם יי מְבֹרָךְ מֵעַתָּה וְעַד עוֹלָם
9. יי מֶלֶךְ יי מָלָךְ יי יִמְלֹךְ לְעוֹלָם וָעֶד
10. בָּרוּךְ אַתָּה יי אֱלֹהֵינוּ וֵאלֹהֵי אֲבוֹתֵינוּ

Meet the שִׂין (Sin)

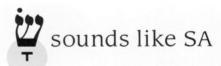

שׂ sounds like SA

ULPAN

Your teacher will help you meet these שׂ words.

שִׂמְחַת תּוֹרָה

שִׂמְחָה

אבּב דהו חטיכּכךלמםנןסע רשׁשׂתּת

□ָ □ַ □וֹ □ִ □ִי □ְ □ֲ □ֵ □ֶ □ֱ □ֵי □ָי □ַי □וּ □ֻ □ֹ

שָׂ = סָ

Practice these lines filled with scintillating שׂ sounds and words.

1. שֶׂ שִׂי שַׂ שֵׂ שׂוּ שָׂה שְׂ שֶׂ שֲׂ שֱׂ

2. שָׂם שַׂר שָׂרָה שָׂבַע שָׂשׂוֹן בָּשָׂר עֶשֶׂר

3. נָשָׂא בְּשָׂמִים שָׂמֵחַ שִׂמְחָה שִׂמְחַת תּוֹרָה

4. שָׂדֶה בֹּשֶׂם בְּשׂוֹרָה כֶּבֶשׂ מָשָׂא מִשְׂרָד

5. נִשׂוּאִים מַעֲשֶׂה עֶשְׂרִים עֲשֶׂרֶת הַדִּבְּרוֹת

6. נָשִׂיא רְמָשִׂים שִׂיחָה שְׂעֹרָה שֵׂכֶל יִשְׂרָאֵל

Here is the most important prayer in the Siddur.

Siddur Phrases

7. שְׁמַע יִשְׂרָאֵל יי אֱלֹהֵינוּ יי אֶחָד.

8. בָּרוּךְ שֵׁם כְּבוֹד מַלְכוּתוֹ לְעוֹלָם וָעֶד.

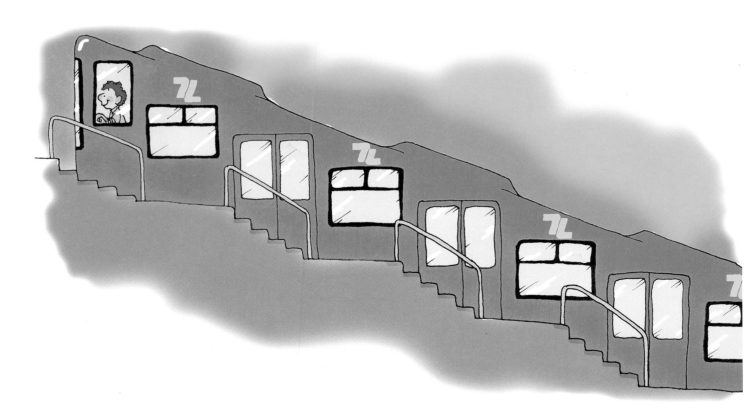

Here is some Hebrew to practice while you are riding on the Carmelit from the port to the top of Mt. Carmel.

1. אַחַת שְׁתַּיִם שָׁלֹשׁ אַרְבַּע חֲמֵשׁ שֵׁשׁ

2. שֶׁבַע שְׁמוֹנֶה תֵּשַׁע עֶשֶׂר אַחַת עֶשְׂרֵה

3. שְׂאוֹר שָׂבֵעַ שׂוֹטְמָנִי שׂוֹדֵד שָׂשׂוֹן עוֹשֶׂה

4. שְׂאוּ נָשְׂאוּ מַעֲשֶׂה וּשְׂמֹאל שָׂטָן שָׂכָר

5. וַעֲשִׂיתֶם שׂוֹנְאֵיהֶם וְנִשְׂמְחָה בְּשִׂמְחָה רַבָּה

Look how much you can sound out!
It's awesome!

1. לוּלָב שַׁבָּת בַּיִת דֶלֶת עַם

2. לֵב רַב הָמָן שָׁנָה מוֹרָה וָו

3. בִּימָה וֶרֶד סֻכָּה טַלִּית דֹב

4. נָחָשׁ רַעֲשָׁן כֶּלֶב לֶחֶם דְבַשׁ כֹּתֶל

5. נֵרוֹת חֹשֶׁן ט״ו בִּשְׁבַט לוּחַ חַלָּה

6. תּוֹרָה הַבְדָלָה חֲנֻכִּיָה וַשְׁתִּי חֲבֵרִים

7. מֹשֶׁה הַלְלוּיָה טֶבַע סִדוּר רִמּוֹנִים

8. בֵּית כְּנֶסֶת סְבִיבוֹן סֻכּוֹת רֹאשׁ

9. יִשְׂרָאֵל יְרוּשָׁלַיִם אֲדָמָה חֲנֻכָּה

10. שְׁמַע יִשְׂרָאֵל יי אֱלֹהֵינוּ יי אֶחָד.

11. בָּרוּךְ שֵׁם כְּבוֹד מַלְכוּתוֹ לְעוֹלָם וָעֶד.

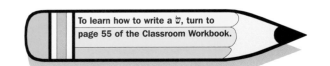

To learn how to write a שׁ, turn to page 55 of the Classroom Workbook.

Meet the פֵּה (Peh)

פ

פָּ sounds like PA

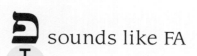

פָ sounds like FA

ULPAN

Your teacher will help you meet these פּ words.

פֵּירוֹת (פְּרִי)

פּוּרִים

פֶּסַח

אבּב דהו חטיכּכךלמםנןסעפּפף רשׁשׂתּת

□ָ □ַ □וֹ □ִ □ִי □ְ □ֲ □ֵ □ֶ □ֵי □ָי □ַי □וּ □ֻ □ֹ

I am a פִּיל

פּוֹ

sounds like POE

Practice these פּ words and sounds.

1. פֶּ פִּ פֹּ פָּ פֵּי פִּי פַּ פּוֹ פּוּ פֵּ פַּי
2. פֶּה פֹּה פָּה פֵּי פִּיל פַּה פּוֹל פּוּר
3. פֶּן פֶּלֶא פּוּרִים פָּר פַּרְפַּר פֵּירוֹת פְּרִי
4. פַּס פֶּסַח פִּלְפּוּל סַפָּר יִפֹּל עִפָּרוֹן טִפָּה
5. כַּרְפַּס כִּפָּה פָּרָשָׁה פֶּרַח פָּנִים יוֹם כִּפּוּר
6. פְּשָׁט פַּת פִּלְפֵּל פְּרוּטָה פָּרוֹכֶת פַּרְנָסָה
7. אִכְפַּת מְחַפֵּשׂ טִפֵּשׂ מַפָּה מַפִּית מִפְּנֵי

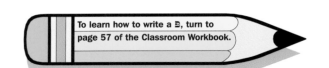

To learn how to write a פּ, turn to page 57 of the Classroom Workbook.

Sometimes the פּ turns into a פ.

Practice these sounds and words with a פ.

פ
sounds like
FA

1. פִי פַי פוֹ פַם פוּ נָפַל אֶפֶס

2. סֵפֶר שׁוֹפָר הֵפֶךְ שָׁפָן יָפֶה שָׂפָה

3. כְּפִיר סָפַר יָפוֹת אֹפֶן סוֹפֵר

4. כְּפִירִים יִפְתַּח רֶפֶת אֲפִילוּ יֹפִי

5. אֵיפֹה אֶפְרֹחַ אֶפְשָׁר מַפְטִיר מְלָפְפוֹן

7. תְּפִלָּה רוֹפֵא הַפְטָרָה טֹטָפוֹת כְּפוּפִים

Baha'i Temple

There is a huge, green park in the middle of Haifa that has an impressive white building with a gold dome. This is the Baha'i Temple. Baha'i is a fairly new religion, started in the 1800s. Its leader was called the Baha'u'llah. He died in a prison in Acco, near Haifa, in 1868. This Temple is called the "Shrine of the Bab." The Bab was the leader who prepared the way for Baha'u'llah. "Bab" means "Gate of Faith." The gardens were designed to look like a living Persian carpet.

The פ has a final form ף (פֵּה סוֹפִית).

.8 סוֹף דַף עוֹף חַף כָּף טַף תֹּף אַף אָסַף

.9 כְּכָף נֶשֶׁף עָנָף אָלֶף מוּסָף עַיֵף הַכָּנָף

.10 דִפְדֵף טִפְטֵף שִׁפְשֵׁף נִפְנֵף אִנְפֵּף יַנְשׁוּף

Aliyah Bet Museum

Near the harbor there is a building with a boat built into one side. This is the Aliyah Bet Museum, the Museum of Clandestine Immigration. In 1947 the British said that only 15,000 Jews could enter the Land of Israel. After the Holocaust places were need for many, many more Jews. Ships were used to sneak the extra Jews into Israel. The most famous of these ships was the *Exodus*. This museum tells this part of the story of creating the modern State of Israel.

Meet the זַיִן (Zayin)

זָ sounds like ZA

זָ sounds like ZO

ULPAN

Your teacher will help you meet these ז words.

זִכָּרוֹן

זָהָב

אבּב דהוזחטיכּכךלמםנןסעפּפף רשׁשׂתּת

Buzz like a bizzy bee when you practice the sounds and words in this exercize!

1. זֻ זוֹ זִי זֵ זֹ ז זֶ זוּ זַי זֱ

2. זֶה זָז זָן אָז זֵר זָר מַזָל טוֹב

3. זֶמֶר זְמִירָה זְמִירוֹת חַזָן זֹאת תָפּוּז

4. זַיִת כְּזַיִת יִזְכֹּר זְמַן לַזְמָן זוֹכֵר

5. מַחֲזוֹר מִזְרָח זְאֵב זְבוּב זָהָב זָכָר זָרִיז

6. זֶרַע חֲזָרָה חֲזֶרֶת תִּזְמֹרֶת שָׁזִיף שָׁזוּף

7. אַוָז אֹזֶן אָזְנַיִם אֵזוֹר אֶזְרָח אָחוּז בַּרְוָז

8. מְזוּזָה מִזְוָדָה מָזוֹן וּמְזֻמָן מֶרְכָּז עֶזְרָה

בֳּ = בּוֹ

The חֲטַף קָמַץ sounds like וֹ.

9. הֳ עֳ חֳ אֳ

10. חֳדָשִׁים חֳרָפִים עֳנִי אֳסָפִים

Some Dots Don't Count

Say this word: in

Say this word: inn

Sometimes doubling a letter doesn't make any difference in how you pronounce a word. In Hebrew we double letters by putting a dot in them.

But we say them the same way. Now practice these words.

1. לַ טֵּ דּוֹ תֶּ שִׁ תַּיָּר לְמַטָּה אִשָּׁה סִיֵּם
2. הַזֹּאת תְּהִלָּה לַזְּמָן חַיִּים אַתָּה תְּפִלָּה

תּ

Some dots come at the beginning of words but don't change the way we say them.

You should have no trouble with these words.

3. תּוֹרָה דְּבַשׁ תְּפִלִּין דֶּלֶת דִּבַּרְתָּ תַּלְמִיד

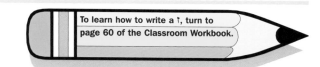

To learn how to write a ז, turn to page 60 of the Classroom Workbook.

Tel Megiddo

מְגִדּוֹ

Megiddo is a hill that was created by city after city being built on the same spot. This kind of hill is called a tel. At Megiddo archeologists have found the ruins of twenty cities. The oldest is a Canaanite city built in 4000 B.C.E. On this site Solomon built a palace with stables for 450 horses. Under the city is a secret tunnel that brought water into the city. The picture shows an ancient altar that was dug up.

Practice the words on these broken pottery shards found at Megiddo.

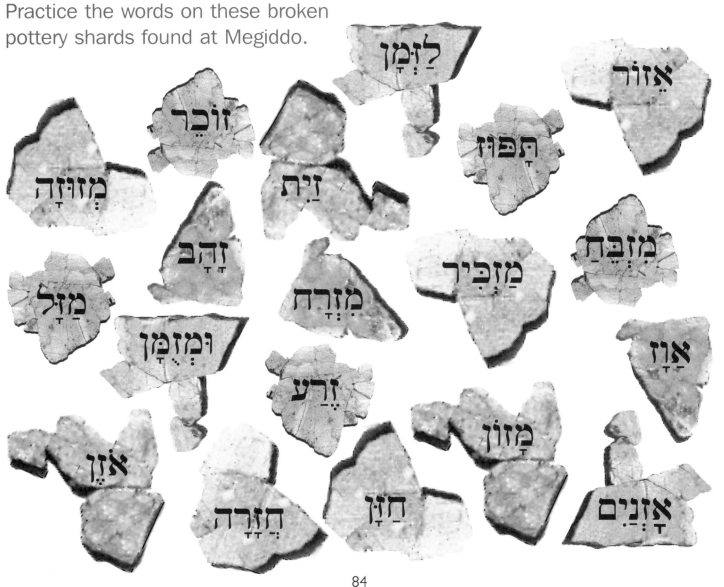

Meet the גִּימֶל (Gimel)

ג

גָ sounds like GA

ULPAN

Your teacher will help you meet these ג words.

גָּדוֹל

גָּמָל

אבּבגדהוזחטיכּכךלמםנןסעפּפף רשׁשׂתּת

◌ָ ◌ַ ◌וֹ ◌ִ ◌ִי ◌ְ ◌ֲ ◌ֵ ◌ֶ ◌ֱ ◌ֵי ◌ָי ◌ַי ◌וּ ◌ֻ ◌ֹ ◌ֳ

While these students play גַּע-גַּע, practice these ג words and sounds.

.1 גַ גֶ גֹ גָ גֻ גֳ גְ

.2 גַּן גַּם גֵּר גַּל גַּב גּוּף דַּג חַג

.3 אַגַּב סִגְסֵג נַגָּר גֶּשֶׁם גָּמָל גִּיר אֶתְרוֹג

.4 גָּדוֹל גִּדֵּל הַגָּדָה דֶּגֶל מְגִלָּה רֶגֶל רַגְלַיִם

.5 עוּגָה עוּגִיּוֹת עַגְבָנִיָּה בְּגָדִים גִּבּוֹר נָגִילָה

.6 גְּמָרָא דֻּגְמָה הִגִּיעַ חֲגוֹרָה מִגְדָּל נִגּוּן סֶגֹּל

.7 גֶּפֶן הַגָּפֶן בּוֹרֵא פְּרִי הַגָּפֶן גְּמִילוּת חֲסָדִים

Practice these siddur phrases.

.1 גּוֹלֵל אוֹר מִפְּנֵי חֹשֶׁךְ וְחֹשֶׁךְ מִפְּנֵי אוֹר

.5 הָאֵל הַגָּדוֹל הַגִּבּוֹר וְהַנּוֹרָא אֵל עֶלְיוֹן

.3 וְעִם רוּחִי גְּוִיָּתִי יי לִי וְלֹא אִירָא אֲדוֹן עוֹלָם

.4 בָּרוּךְ אַתָּה יי אֱלֹהֵינוּ מֶלֶךְ הָעוֹלָם בּוֹרֵא פְּרִי הַגָּפֶן

The Galilee
גָּלִיל

Most of the Northern part of Israel is a region called the Galilee. In ancient times the major road from Babylon to Egypt went through the Galilee. Because of it, many ancient forts and cities were built here. In the Galilee there are mountains, valleys, and a large lake that looks like an ancient violin, the Kinneret. In the Galilee you will find the first kibbutz, Deganya, and many more kibbutzim that followed. The Galilee is the bread basket of Israel. In the Galilee you will find places that were important in the life of Jesus, too. The Galilee is really beautiful. It is filled with fields, olive trees, and many, many wildflowers.

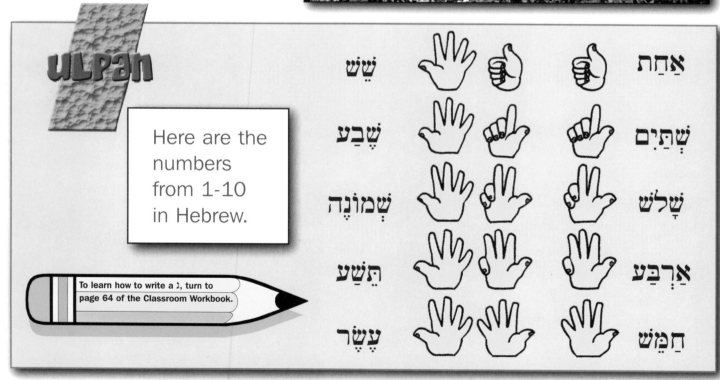

ULPAN

Here are the numbers from 1-10 in Hebrew.

To learn how to write a ג, turn to page 64 of the Classroom Workbook.

אַחַת	שֵׁשׁ
שְׁתַּיִם	שֶׁבַע
שָׁלֹשׁ	שְׁמוֹנֶה
אַרְבַּע	תֵּשַׁע
חָמֵשׁ	עֶשֶׂר

Riddle—
If וּ is "oo"
and וָ is "va,"
what's this: וָּ?
Answer: וָּ=VA

וָּ

Did you remember that sometimes dots are not pronounced? תּ=ת

So if ו already has a vowel—וָ, don't pronounce the other dot—וָּ.

1. וַּ וּוֹ וֵּ וִּי עִוֵּר לִוָּה חַוָּה שִׁוּוּ

2. צִוָּה מְצַוֶּה צִוִּיתִיךָ כַּוָּנָה כִּוּוּן כַּוֶּרֶת

Tzfat (also called Safed) is a city on a mountain top. Today it is a place where many artists work and live. Around the time of Columbus it was a center for Jewish mystics, Kabbalists, who explored the mysteries of the Torah. In Tzfat you walk down cobblestone streets to visit both old synagogues and art galleries. A legend teaches that after the flood, Noah's son Shem and his son Ever set up a yeshiva (Torah school) in Tzfat.

Tzfat
צְפַת

Meet the קוּף (Kuf)

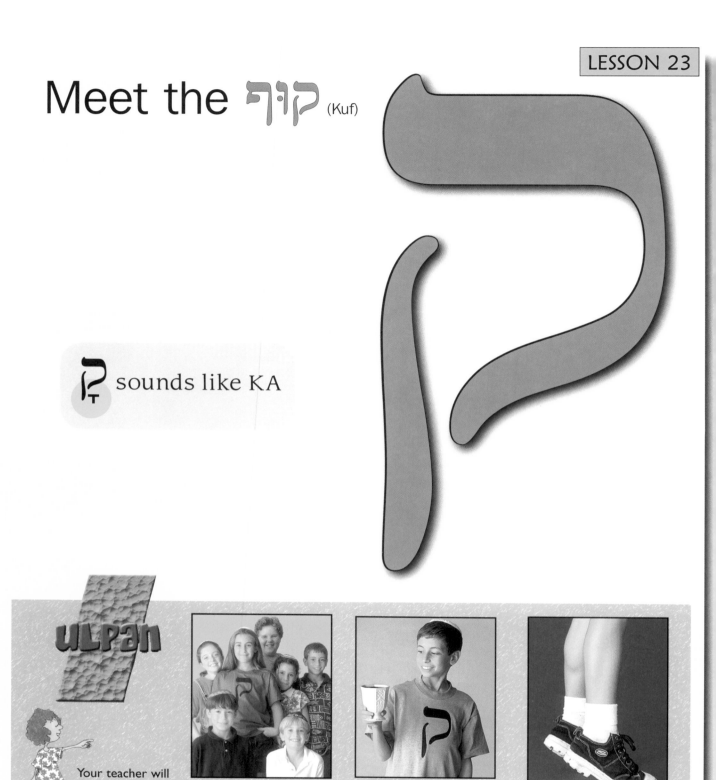

ק

קָ sounds like KA

ULPAN

Your teacher will help you meet these ק words.

קְהִלָּה

קִדּוּשׁ

קָדוֹשׁ

אבּב דהו חטיכּכךלמםנןסעפּפף קרשׁתּת

□ָ □ַ □וֹ □ִ □ִי □ְ □ֲ □ֵ □ֶ □ֱ □ֵי □ָי □ַי □וּ □ֻ □ֹ □ֳ

Practice these ק words and sounds.

1. קִי קַ קֳ קוּ קֹ קֶ קָי קֵ

2. קָם קַל קֹר קֵן קָט קוֹל

3. קֶבֶר קֹדֶם קוֹמָה קָהָל קָבַע

4. קְהִלָּה קָטָן מְקַיֵּם קֹדֶשׁ קְלָלָה

5. מִקְדָּשׁ קָדוֹשׁ קִדּוּשׁ קַדֵּשׁ

6. קַדִּישׁ קְדֻשָּׁה אֲרוֹן-הַקֹּדֶשׁ

7. בֵּית-הַמִּקְדָּשׁ לְשׁוֹן-הַקֹּדֶשׁ

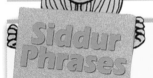

ק = כּ

8. קָדוֹשׁ קָדוֹשׁ קָדוֹשׁ

9. נְקַדֵּשׁ אֶת שִׁמְךָ בָּעוֹלָם

10. בָּרוּךְ אַתָּה יי הָאֵל הַקָּדוֹשׁ

11. בָּרוּךְ אַתָּה יי מְקַדֵּשׁ הַשַּׁבָּת

Holy, Holy, Holy

The root word [קדשׁ] means "holy." Can you find all the words built out of this root word? Hint: You will find that other letters and vowels are added to the root word, as in מְקַדֵּשׁ.

To learn how to write a ק, turn to page 66 of the Classroom Workbook.

Jerusalem
The New City

יְרוּשָׁלַיִם

We've come back to Jerusalem to visit the modern city. The War of Independence in 1949 divided Jerusalem into three cities in two countries. There was a Jewish city in Israel, a modern Arab city in Jordan, and "The Old City", also in Jordan. During the 1967 Six Day War, Israel unified those three cities into one. Jerusalem is the capital of the State of Israel. Here the Jewish people built the Hebrew University, the Hadassah Hospital, and all their important government buildings. Today, Jerusalem is much more than the Old City. It is a huge, exciting modern city, too. At its heart is the *mitra<u>h</u>ov,* the Ben Yehudah pedestrian mall. It is a part of the city where no cars are allowed. Here you will find stores, cafes, theaters, and street performers.

ULPan

Everyone goes to Ma<u>h</u>aneh Yehudah in Jerusalem to buy food.

עַגְבָנִיָּה

חָלָב

לֶחֶם

בָּשָׂר

Siddur Marathon

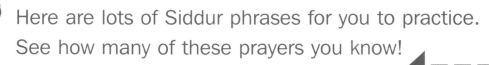

Here are lots of Siddur phrases for you to practice.
See how many of these prayers you know!

1. מוֹדֶה אֲנִי לְפָנֶיךָ מֶלֶךְ חַי וְקַיָּם

2. בָּרְכוּ אֶת יי הַמְבֹרָךְ

3. בָּרוּךְ יי הַמְבֹרָךְ לְעוֹלָם וָעֶד

4. שְׁמַע יִשְׂרָאֵל יי אֱלֹהֵינוּ יי אֶחָד

5. בָּרוּךְ שֵׁם כְּבוֹד מַלְכוּתוֹ לְעוֹלָם וָעֶד

6. מִי כָמֹכָה בָּאֵלִים יי מִי כָּמֹכָה נֶאְדָּר בַּקֹּדֶשׁ

7. עֹשֶׂה שָׁלוֹם בִּמְרוֹמָיו הוּא יַעֲשֶׂה שָׁלוֹם עָלֵינוּ

8. מַה טֹּבוּ אֹהָלֶיךָ יַעֲקֹב מִשְׁכְּנֹתֶיךָ יִשְׂרָאֵל

9. שָׁלוֹם רָב עַל יִשְׂרָאֵל עַמְּךָ תָּשִׂים לְעוֹלָם

10. שִׂים שָׁלוֹם טוֹבָה וּבְרָכָה חֵן וָחֶסֶד וְרַחֲמִים

Meet the צָדִי (Tzadi)

צ

צָ sounds like TZA

ULPAN

Your teacher will help you meet these צ words.

צִיצִית

צְדָקָה

אבּבגדהוזחטיכּכךלמםנןסעפּפףצץקרשׁשׂתּת

□ָ □ַ □וֹ □ִ □ִי □ְ □ֲ □ֵ □ֶ □ֱ □ֵי □ָי □ַי □וּ □ֻ □ֹ □ֳ

צ is your last new letter.

Practice these **צ** words and sounds.

צָ

says TZA

1. צַ צֶ צוֹ צֱ צֹ צְ צֵ צִי צֵי
2. צִיר צוּר צוֹם צֹאן צֶדֶק
2. צֵל צָב צַד צַדִּיק צָדַק עָצַר
3. צְדָקָה צַבָּר צְלִי צִלְצֵל צֶמַח צָמִים
4. צָלוּל צֶלֶם חֵצִי צִיצִית הַר צִיּוֹן צִנְצֶנֶת
5. עֵצִים צִפְצוּף הַמּוֹצִיא מַצָּה יוֹם הָעַצְמָאוּת

To learn how to write a צ, turn to page 69 of the Classroom Workbook.

The Israel Museum is many museums in one. It collects modern and classical art and has the Billy Rose Sculpture Garden. There is also a huge collection of Hebrew manuscripts, many things found by archeologists, and many, many things created by Jews from around the world. The photograph shows the Shrine of the Book. Here is where many of the Dead Sea Scrolls are kept.

Israel Museum

Your Final Final

You have learned these final letters.

כ = ך

מ = ם

נ = ן

פ = ף

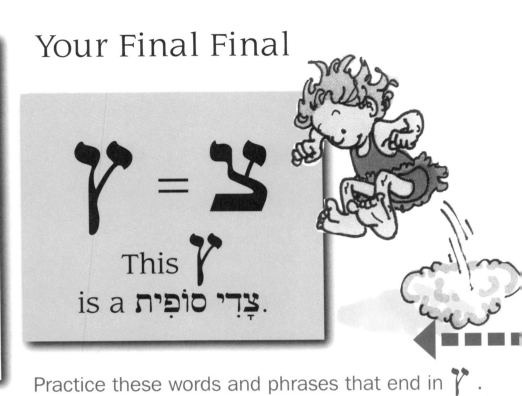

צ = ץ

This ץ is a צָדִי סוֹפִית.

Practice these words and phrases that end in ץ .

1. עֵץ בֹּץ גֵּץ קֵץ מִיץ צִיץ חָלוּץ הָאָרֶץ

2. אֶרֶץ אֶרֶץ יִשְׂרָאֵל אֶרֶץ זָבַת חָלָב וּדְבַשׁ

3. עֵץ חַיִּים הִיא לַמַּחֲזִיקִים בָּהּ וְתוֹמְכֶיהָ מְאֻשָּׁר

Yad vaShem is the leading Holocaust memorial, museum, and research institution in the world. It was created in 1957 so that the world never forgets the horrors and cruelty of the Holocaust. Yad vaShem has many museums, a Hall of Remembrance, and a Children's Memorial. Outdoor monuments include the Valley of the Communities and the Garden of the Righteous Among the Nations.

Yad VaShem

Knesset means "assembly" (just like in *Beit Knesset*). The Knesset is the Parliament (Congress) of the State of Israel. In it are some tapestries designed by Marc Chagall. Outside you will find a menorah that the British Government had made for the State of Israel in 1956. There are 120 voting members in the Knesset.

Knesset

Here's הַתִּקְוָה, the National Anthem of Israel. You can now read it, and perhaps you can even sing it!

1. כָּל עוֹד בַּלֵּבָב פְּנִימָה
2. נֶפֶשׁ יְהוּדִי הוֹמִיָּה.
3. וּלְפַאֲתֵי מִזְרָח קָדִימָה
4. עַיִן לְצִיּוֹן צוֹפִיָּה.
5. עוֹד לֹא אָבְדָה תִּקְוָתֵנוּ.
6. הַתִּקְוָה שְׁנוֹת אַלְפַּיִם.
7. לִהְיוֹת עַם חָפְשִׁי בְּאַרְצֵנוּ
8. אֶרֶץ צִיּוֹן וִירוּשָׁלַיִם.